图书在版编目（CIP）数据

最高的塔最小的星 /（英）凯特·贝克著；邹骏昇
绘；陈宇飞译. — 北京：中信出版社，2021.3
书名原文：TALLEST TOWER SMALLEST STAR
ISBN 978-7-5217-2457-8

Ⅰ. ①最… Ⅱ. ①凯…②邹…③陈… Ⅲ. ①科学知
识-少儿读物 Ⅳ. ① Z228.1

中国版本图书馆 CIP 数据核字 (2020) 第 226041 号

First published in the UK in 2018 by Big Picture Press,
an imprint of Bonnier Books UK,
The Plaza, 535 King's Road, London, SW10 0SZ
www.templarco.co.uk/big-picture-press
www.bonnierbooks.co.uk

Illustration copyright © 2018 Page Tsou
Text and design copyright © 2018 Big Picture Press

Designed by Winsome d'Abreu
Written by Kate Baker
Expert consultants: Dr Jonathan Tennant, Paleontologist;
Prof. Raman Prinja, Professor of Astrophysics, University College London;
Dr Scott Rusch; and Robert Protheroe-Jones, National Waterfront Museum,
Wales

最高的塔最小的星

著　者：[英]凯特·贝克
绘　者：邹骏昇
译　者：陈宇飞
出版发行：中信出版集团股份有限公司
　　　　　（北京市朝阳区惠新东街甲4号富盛大厦2座　邮编　100029）
承　印　者：北京联兴盛业印刷股份有限公司

开　　本：787mm×1092mm　1/8
印　　张：5
字　　数：100 千字
版　　次：2021年3月第1版
印　　次：2021年3月第1次印刷
京权图字：01-2019-4350
审 图 号：GS（2020）4975 号
　　　　　（此书中插图系原书插图）
书　　号：ISBN 978-7-5217-2457-8
定　　价：78.00 元

出　品：中信儿童书店
图书策划：知学园
策划编辑：潘婧　　　　责任编辑：鲍芳　　营销编辑：张超　李雅希　王姜玉珏
审　校：严莹　江泓　　封面设计：谢佳静　内文排版：王孟陶

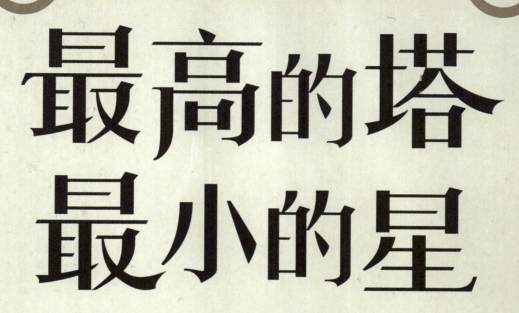

最高的塔
最小的星

给孩子的世界之最图解

[英] 凯特·贝克 著　邹骏昇 绘　陈宇飞 译

中信出版集团｜北京

目录

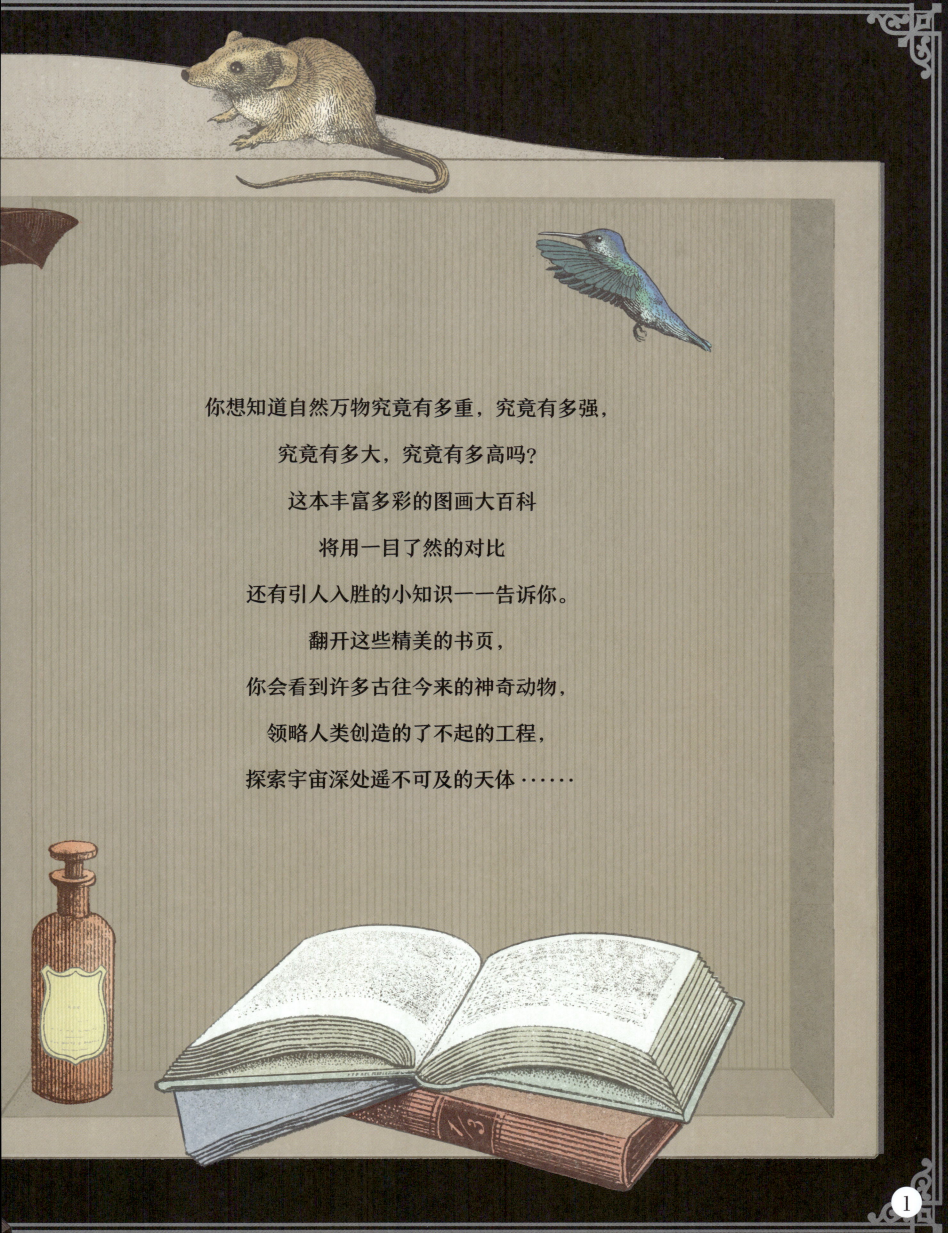

你想知道自然万物究竟有多重，究竟有多强，

究竟有多大，究竟有多高吗？

这本丰富多彩的图画大百科

将用一目了然的对比

还有引人入胜的小知识一一告诉你。

翻开这些精美的书页，

你会看到许多古往今来的神奇动物，

领略人类创造的了不起的工程，

探索宇宙深处遥不可及的天体……

远去的巨兽世界

看看这些古生物复原图，你会发现一个不可思议的巨兽世界：河狸竟然有熊那么大，地懒竟然有大象那么大，大犰狳竟然跟汽车一样大！和现存的动物相比，这些已经灭绝的祖先简直就是神话里的巨人。早期人类还有人类的近亲曾经和许多大型动物相伴为邻，而且可能还猎食过它们，或者被它们猎食过。然而，在11700年前的冰期末期，大多数大型动物都没能适应剧烈的气候变化，走向了灭绝。

灭绝的动物

❶ 始祖马

肩高：30～60厘米　体重：9千克
分布范围：欧洲、北美洲
存在时间：5500万—3300万年前
并不是所有史前生物都比它们的现代版个头大。例如，始祖马（马的祖先）就只有今天的狐狸这么大。

❷ 猛犸

身高：3～3.5米　体重：6.6吨
分布范围：亚洲、欧洲、北美洲
存在时间：70万—4000年前

猛犸俗称毛象、猛犸象。猛犸和现在的大象个头差不多，它有一层厚厚的长毛可以抵御严寒，适合在冰天雪地里生活，还有一对长长的卷曲象牙。人们在西伯利亚的永久冻土里发现猛犸遗骸时，曾经误以为它是某种巨大的穴居动物，一暴露在阳光下就会死掉。

❸ 泰坦蟒

体长：13～14.6米　体重：1吨
分布范围：南美洲
存在时间：6000万—5800万年前
数千万年前，这些大得离谱的蟒曾经生活在南美洲的雨林中。它们比公共汽车还长，可以把整条鳄鱼直接吞下去。

❹ 巨犀

肩高：5米（抬起头可以达到8米高）
体重：15～20吨
分布范围：欧洲、亚洲
存在时间：3000万—1660万年前
这种巨大的植食性犀牛是已知最大的陆生兽类。它们长着又长又粗的脖子，肩高大约是非洲象的两倍，抬起脑袋后，能轻松松地吃到树顶的嫩叶子。

❺ 巨河狸

体长：2.5米　体重：125千克
分布范围：亚欧大陆北部
存在时间：300万—1万年前
巨河狸的个头和熊有一拼，它们的门齿可以长到15厘米。

❻ 古巨蜥

体长：5.5米　体重：600千克
分布范围：澳大利亚
存在时间：180万—4万年前
化石研究表明，这种可怕的古代蜥蜴曾经把双门齿兽和巨型短面袋鼠当点心吃。科学家认为，除了有锋利无比的牙齿，古巨蜥还能用有毒的唾液让猎物陷入休克状态。

❶ 雕齿兽
体长：3.3米　体重：2吨
分布范围：南美洲
存在时间：530万—1.17万年前
雕齿兽为犰狳状，它的大小和外形几乎
和甲壳虫汽车一模一样。它披着一身又
厚又硬的盔甲，还有一条像棒球棒一样
的尖刺尾巴，是攻击敌人的重要武器。
捕食者必须把雕齿兽翻过来，才能避开
它那坚不可摧的盔甲，攻击它柔软的腹
部。不过，那可不是随随便便就能办到
的事情，因为这家伙真的很重！

❷ 美洲大地懒
体长：6米　体重：3.8吨

分布范围：南美洲
存在时间：180万—1万年前
这种看起来像超大号树懒的动物平时都
是四肢着地，但科学家根据足迹化石推
断，它也可以两腿直立行走一小段距
离，从而用前肢的爪子自由地抓取树枝
和树叶。

现存的动物

A. 马
肩高：1.7米　体重：900千克
分布范围：除了南极洲以外的所有大洲

B. 象
肩高：3米　体重：6.3吨
分布范围：非洲、亚洲
象是陆上现存最大的哺乳动物。

C. 巨蚺
体长：3米　体重：45千克
分布范围：南美洲

D. 白犀
肩高：2米　体重：3.6吨
分布范围：非洲

E. 美洲河狸
体长（不包括尾巴）：0.9米

体重：32千克
分布范围：北美洲

F. 尼罗河巨蜥
体长：2.4米　体重：15千克
分布范围：非洲

G. 大犰狳
体长（不包括尾巴）：1米　体重：32千克
分布范围：南美洲

H. 霍氏树懒
身高：74厘米　体重：9千克
分布范围：南美洲

现存的鸟类

A. 漂泊信天翁
翅展：3.5米　分布范围：南半球
现存翅展最长的鸟。

B. 安第斯神鹫
翅展：3.2米　分布范围：南美洲

C. 金雕
翅展：2.3米　分布范围：非洲、亚洲、北美洲、欧洲

D. 喜鹊
翅展：57厘米　分布范围：亚洲、欧洲

E. 几维鸟
体长：45厘米　分布范围：新西兰
现存与象鸟亲缘关系最近的鸟。

F. 鸵鸟
身高：2.8米　分布范围：非洲
现存最大的鸟。

G. 尼柯巴鸠
体长：40厘米　分布范围：亚洲、太平洋地区岛屿
现存与渡渡鸟亲缘关系最近的鸟。

鸟和翼龙

在恐龙时代，天空的霸主是一类会滑翔的爬行动物——翼龙。翼龙的体形差异悬殊，小的可以放在你的掌心；大的（比如风神翼龙）却有长颈鹿那么高，张开翅膀就像一架喷火式战斗机。翼龙在大约6600万年前灭绝，把天空留给了另一类飞行动物——鸟类。几百万年来，鸟类演化出了千变万化的形态、颜色和大小，但是没有一种鸟像最大的翼龙那么大。

灭绝的"飞行"动物

❶ 诺氏风神翼龙
翅展：10~11米　分布范围：北美洲
存在时间：6800万年—6600万年前
诺氏风神翼龙和长颈鹿差不多大。当人们在美国的沙漠里发现它的化石遗骸时，都纳闷这么一个庞然大物是怎么飞起来的。答案就在它的骨骼里。诺氏风神翼龙的前肢骨骼是中空的，所以非常轻。它只需要偶尔扇一下翅膀，就能借助翼膜上强韧的皮肤、肌肉长距离滑翔。科学家推断，诺氏风神翼龙可能是一种食腐动物，伸着长长的脖子去吃恐龙尸体上的腐肉。

❷ 桑氏伪齿鸟
翅展：6.1~7.4米　分布范围：北美洲
存在时间：2800万年—2500万年前
几百万年前，这种巨大的海鸟曾在史前的海洋上空滑翔。它的翅膀比加长版豪华轿车还长，所以它和阿根廷巨鹰都有资格争夺"有史以来最大的飞鸟"这个称号。

❸ 阿根廷巨鹰
翅展：6.5~7.5米　分布范围：南美洲
存在时间：600万年前
这种大鸟是安第斯神鹫的祖先之一。

❹ 始祖鸟
身高：0.3米　分布范围：欧洲
存在时间：1.5亿年前
始祖鸟和喜鹊差不多大，通常被认为是爬行动物进化到鸟类的中间类型。和现代鸟类不同的是，始祖鸟有整套牙齿，还有一条长长的尾巴，稍能飞行。

❺ 哈斯特鹰
翅展：3米　分布范围：新西兰
存在时间：180万年前—1400年
有史以来最大的鹰之一。

灭绝的不飞鸟

❻ 南方巨恐鸟
身高：可达3.5米　分布范围：新西兰
存在时间：850万年前—1450年
南方巨恐鸟是有史以来最大的不飞鸟之一。它们长着粗壮的双腿，但没有翅膀。毛利人的祖先捕杀它们，加之开垦森地破坏了它们的生存环境，导致了它们的灭绝。

❼ 象鸟
身高：3米　分布范围：非洲岛国马达加斯加
存在时间：200万年前—1650年
几百年前，探险家马可·波罗在探险归来的途中讲了一个关于大鸟的故事。那只鸟奇大无比，从天上俯冲下来，就能用爪子抓住一头大象，并带着它飞走。不过，故事终归是故事，现实中的象鸟是草食动物，而且不会飞。

❽ 泰坦鸟
身高：2.5~3米　分布范围：北美洲
存在时间：490万年—180万年前
泰坦鸟不仅是最后一种"恐怖鸟"，还是它那个时代最顶级的捕食者之一。有学者认为，泰坦鸟可以用爪子把猎物固定在地上，然后像挥舞鹤嘴镐一样用巨大的钩状喙把对方啄死。

❾ 渡渡鸟
身高：1米　分布范围：非洲岛国毛里求斯
存在时间：1662年灭绝（说法不一）
这个呆头呆脑的家伙是在地面觅食和筑巢的渡渡鸟。自从16世纪被荷兰探险家发现之后，这种不飞鸟过了70年左右便灭绝了。许多渡渡鸟被定居者们当成了美餐，它们的蛋也被人们带到毛里求斯岛的猪等动物吃掉了。

海洋生物的古今对比

千百年来，人们一直对巨型海怪的故事很感兴趣。故事里的怪物可以撕裂船只，把水手拖入幽深的海底。如果你能回到几百万年前，你会发现那时的海洋中到处都是名副其实的巨型海怪，比如令人望而生畏的肉食性鲸、巨型鳄鱼，还有体形相当于三条大白鲨大的巨齿鲨。蓝鲸是现存最大的动物，它们生活在海洋中，虽然体形庞大，却主要以微小的甲壳类动物为食，对人类基本无害。

灭绝的海洋生物

① 梅氏利维坦鲸

体长：18米 分布范围：南美洲

存在时间：1300万—1200万年前

梅氏利维坦鲸的拉丁名（*Livyatan melvillei*）由《圣经》中的海怪利维坦和《白鲸记》的作者赫尔曼·梅尔维尔的姓氏共同组成。科学家认为，它们曾在世界各地的大洋中巡游，以须鲸为食。

② 龙王鲸

体长：18米 分布范围：北非、北美洲、亚洲

存在时间：4000万—3000万年前

龙王鲸的拉丁名（*Basilosaurus*）从字面上看是"帝王蜥蜴"的意思。不过，这种可怕的捕食者并不是爬行动物，而是巨大的古鲸，是哺乳动物。它们拥有足以粉碎骨头的咬合力。有证据表明，龙王鲸和现代的虎鲸一样，有时甚至会捕食其他的鲸。

③ 巨齿鲨

体长：18米 分布范围：全世界

存在时间：1590万—260万年前

这种巨无霸鲨鱼的体长大约是大白鲨的三倍，它们的嘴巴张开时上下颌间距达2.7米，足以把一个人整吞下去。牙长约16厘米，可以轻易撕开其他海洋生物的肉。许多年前，人们在海洋上发现巨齿鲨的牙齿化石时，误以为那是龙或蛇的舌头。

④ 肖尼鱼龙

体长：15米 分布范围：北美洲

存在时间：2.2亿年前

肖尼鱼龙比大多数现代鲸都要长，是迄今为止发现的最大的海洋爬行动物之一。它长着一个短而无牙的口鼻部。专家认为那是一个过滤器，可以在它张嘴喝水时留下食物，把水滤出去。

⑤ 君王马奇莫鳄

体长：10米 分布范围：非洲

存在时间：1.32亿—1.29亿年前

这种古老的鳄鱼和公共汽车一样长，光是头骨的长度就相当于一个人的身高。它的血盆大口里布满了像子弹头一样穿透力的尖牙，连海龟的硬壳都能咬开。

现存的海洋生物

A. 蓝鲸

体长：33米

分布范围：世界各地的海洋

蓝鲸和波音737飞机差不多长，比许多头恐龙个头都大。

B. 大白鲨

体长：6米 分布范围：世界各地的海洋

C. 湾鳄

体长：5米 分布范围：印度洋、太平洋

恐龙的时代

在超过1.6亿年的漫长岁月里，恐龙一直统治着我们的星球。恐龙种类繁多、形态各异，有体形巨大但性情比较温和的植食性恐龙，如四足行走、身材粗壮、身被剑板的剑龙；还有性情比较凶残的肉食性兽脚类恐龙，如大名鼎鼎的暴龙（霸王龙），而它是以两足行走的。它们中的许多都比现存最大的陆地动物还大，但也有一些小得出奇，比如美颌龙就只有鸡那么大。

恐龙可以分为两大类群：

蜥臀类——骨盆构造三射式，类似于蜥蜴腰带结构，既有肉食性恐龙又有植食性恐龙。包括蜥脚类与兽脚类。

蜥脚类——脖子和尾巴都很长，用四条腿行走的植食性恐龙。

兽脚类——大多是腿部粗壮、前肢短小的肉食性恐龙。

鸟臀类——骨盆构造与鸟相似，并且通常长有硬甲的植食性恐龙。包括鸟脚类、剑龙类、甲龙类和角龙类。

波塞东龙

种类: 蜥臀类

体长: 34米

身高: 18米

这种巨大的植食性恐龙被认为是地球上有史以来最高的恐龙，约有六层楼那么高，腿有树干那么粗。不过，波塞东龙个头虽大，脑袋却跟马的脑袋差不多大小。

霸王龙

凶猛的霸王龙擅长猎食，它们既可以食肉又可以食腐，是最著名的兽脚类恐龙之一。

种类: 蜥臀类

体长: 12～15米

身高: 5米

三角龙

一种四足行走的角龙，头上顶着三根角和一块骨质颈盾。

种类: 鸟臀类　　**体长**: 8～9米

身高（头顶）: 3米

剑龙

剑龙是一类行动较迟缓的植食性恐龙，它们的背上长有骨质、形状各异的剑板。最著名的剑龙就是狭脸剑龙。

种类: 鸟臀类　　**体长**: 6米

身高: 3.5米

剑板: 高宽60厘米

贝尼萨尔禽龙

贝尼萨尔禽龙用两条后肢走路和奔跑，是典型的鸟脚类恐龙。

种类: 鸟臀类　　**体长**: 10～13米

身高: 3.3米

化石证据

巨大的骨骼

泰坦巨龙的股骨（大腿骨）长达2.4米，比一个成年人还高。

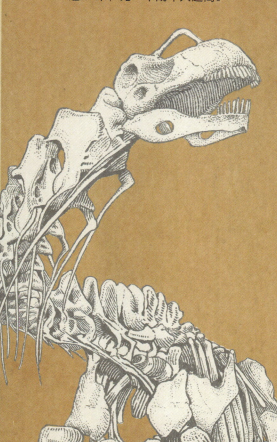

恐龙的牙齿

恐龙的牙齿隐藏着很多线索，可以告诉我们恐龙的食性。例如，霸王龙是肉食性动物，它们的牙齿像面包刀一样长，咬合力至少是狮子的十倍；三角龙是植食性动物，它们有多达800颗成齿系的牙齿，但每次吃东西时只用到很少一部分。

1. 棘龙的牙齿
22.5厘米
这种矛头状的长牙可以用来捕鱼。

2. 霸王龙的牙齿
20厘米
锯齿利牙，用来撕肉和碎骨很方便。

3. 梁龙的牙齿
8厘米
这种形状像钉子的窄牙适合剥叶子和耙植物。

4. 三角龙的牙齿
5厘米
用来切断植物。

5. 狮子的牙齿
10厘米

6. 人类的牙齿
1.25厘米

夸张的恐龙蛋

最小的恐龙蛋和网球差不多大，最大的恐龙蛋则像足球。蜥脚类恐龙虽然身形巨大，它们下的蛋却小得出奇，比鸵鸟蛋大不了多少。科学家认为，更小的蛋需要的孵化时间更短，这样可以减少被捕食者吃掉的风险。

1. 鸡蛋
5.7厘米

2. 鸵鸟蛋
15厘米

3. 泰坦巨龙的蛋
22厘米

谁更大？

把这些大型动物摆到一起比一比就知道了

| 20米 |
| 18米 |
| 16米 |
| 14米 |
| 12米 |
| 10米 |
| 8米 |
| 6米 |
| 4米 |

三角龙　禽龙　剑龙　梁龙　长颈鹿　霸王龙　人　棘龙　波塞东龙

建筑物的古今对比

恐龙或许是地球上存在过的最高的生物，可是与人类历史上那些高大的建筑物相比，它们简直就是小不点。从巨石阵充满神秘色彩的石柱到泰姬陵宏伟的白色大理石穹顶，人类建造了不少非同凡响的建筑。不过，在长达3000多年的漫长岁月中，有一座建筑物一直独步天下，那就是古埃及文明光辉耀眼的丰碑——胡夫金字塔。

❶ 10米 巨石阵
英国威尔特郡，约始建于公元前2300年

❷ 13米 宙斯像*
希腊奥林匹亚，公元前460—前450年建成

❸ 18米 阿尔忒弥斯神庙*
土耳其以弗所，公元前550年左右建成，公元前356年左右重建

❹ 21米 克娄巴特拉石碑
埃及赫利奥波利斯，公元前1460年左右建成，现在矗立于英国伦敦

❺ 24米 卡斯蒂略金字塔
墨西哥奇琴伊察，1000—1200年建造

❻ 32米 罗德岛巨像*
希腊罗德岛，公元前294—前282年建造

❼ 38米 里约热内卢基督像
巴西里约热内卢，1931年建成（高度包含底座）

❽ 48米 罗马大角斗场
意大利罗马，公元82年建成

❾ 50米 雄狮凯旋门
法国巴黎，1836年建成

❿ 55米 比萨斜塔
意大利比萨，1350年建成

⓫ 57米 圣巴西尔大教堂
俄罗斯莫斯科，1554—1560年建造

⓬ 64米 大雁塔
中国陕西，652年建成

⓭ 73米 泰姬陵
印度阿格拉，1654年建成

⓮ 93米 自由女神像
美国纽约，1886年落成（高度包含底座）

⓯ 111米 圣保罗大教堂*
英国伦敦，1710年建成

⓰ 110米 亚历山大港灯塔*
埃及亚历山大，公元前281年左右建成（有史以来最大的灯塔）

⓱ 138米 圣彼得大教堂
梵蒂冈城，1626年建成

⓲ 146.5米 胡夫金字塔*
埃及开罗，公元前2560年左右建成
在长达3000多年的时间里一直是世界上最高的建筑物

⓳ 169米 华盛顿纪念碑
美国华盛顿，1884年建成
在1884—1889年是世界上最高的建筑物

带*的建筑是古代世界七大奇观之一。

尼罗河的宝石

胡夫金字塔矗立在埃及的沙漠之中，它的表面曾经覆盖着打磨锃亮的石灰石块。每当阳光照在它那洁白的表面上，金字塔就像一颗宝石一样闪闪发光。

金字塔的修建动用了成千上万的能工巧匠。据估计，修建金字塔共用了约230万块巨石。

未来的摩天大楼

迪拜的哈利法塔高耸入云，远远高于那些古代世界奇观。这座形状像针的摩天大楼高达828米，相当于488人或者45头波塞东龙头脚相接在一起的高度，被称为世界第一高楼。

然而，现有的世界纪录很快就会被更高的建筑物打破。位于沙特阿拉伯吉达的吉达塔正在建设之中，完工后的高度预计约有1000米。

170米 —
160米 —
150米 —
140米 —
130米 —
120米 —
110米 —
100米 —
90米 —
80米 —
70米 —
60米 —
50米 —
40米 —
30米 —
20米 —
10米 —

— 800米

有史以来最高的建筑物

— 700米

828米
哈利法塔
阿联酋迪拜
2010年建成
（当今世界最高的建筑物）

— 600米

— 500米

— 400米

— 300米

320米
埃菲尔铁塔
法国巴黎
1889年建成
（在1889—1930年是世界上最高的建筑物）

— 200米

— 100米

⑮
③
⑯
⑫
⑪
⑩
⑲

摩天大楼、瀑布和山峰

1000米
吉达塔
沙特阿拉伯吉达
（在建）

① ② ③ ④ ⑤ ⑥

1000米
900米
800米
700米
600米
500米
400米
300米
200米
100米

摩天大楼和瀑布

摩天大楼是世界各地城市天际线上最突出的风景。它们像巨人一样，从数百米高的云端俯瞰着下方的街道。然而，和壮丽的安赫尔瀑布相比，当今世界最高的摩天大楼也要自惭形秽。安赫尔瀑布深藏于委内瑞拉的丛林之中，终年云雾缭绕，是地球上最伟大的自然奇观之一。

摩天大楼

❶ **828米** 哈利法塔
阿联酋迪拜，2010年建成
当今世界最高的建筑物

❷ **632米** 上海中心大厦
中国上海，2014年建成

❸ **601米** 麦加皇家钟塔饭店
沙特阿拉伯麦加，2012年建成

❹ **541米** 世界贸易中心一号大楼
美国纽约，2014年建成

❺ **508米** 台北101大楼
中国台北，2004年建成

瀑布

❻ **979米** 安赫尔瀑布
委内瑞拉玻利瓦尔州
世界上落差最大的瀑布

黄金之河

1935年，飞行员兼探险家詹姆斯·安赫尔驾驶一架四座飞机迫降到了一个山顶上。当时他正在寻找传说中的黄金之河，却无意中发现了后来以他的姓氏命名的安赫尔瀑布。当地的居民早就知道这个瀑布了，他们管它叫"最深之地的瀑布"，而且他们相信那里住着会偷走人魂魄的亡灵。

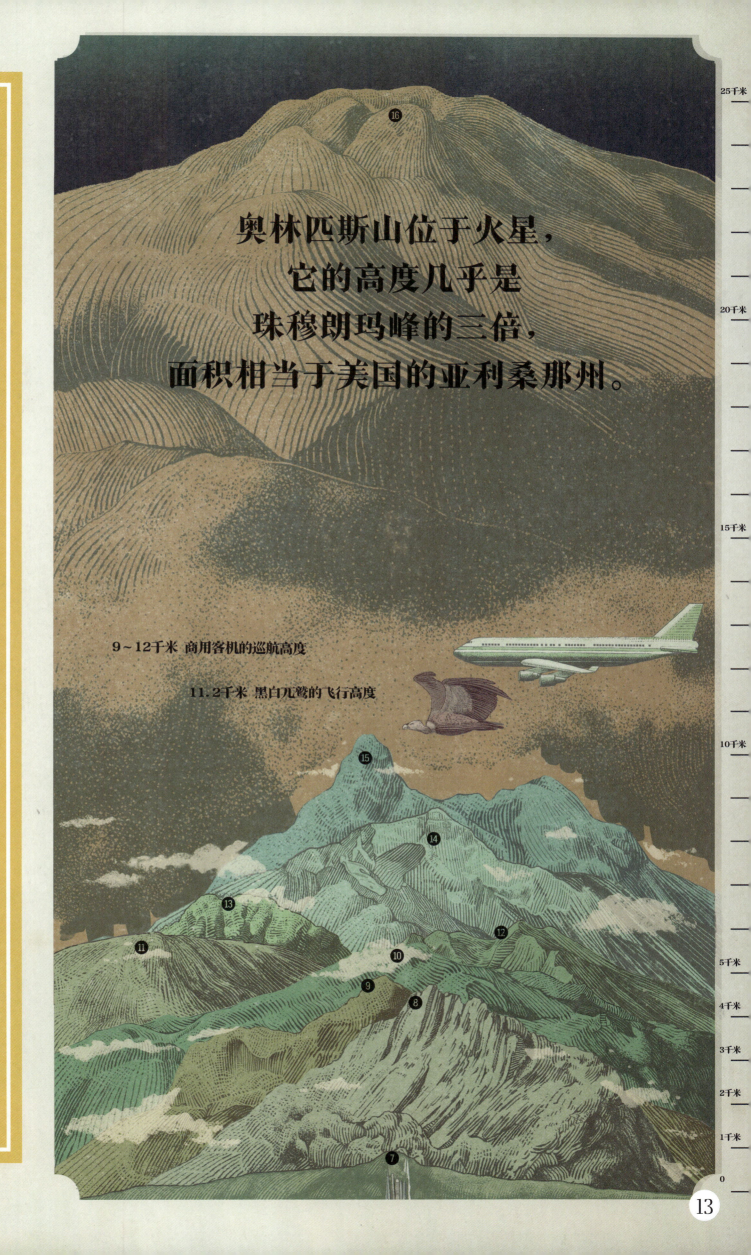

山峰

如果说世界上最高的摩天大楼与落差最大的瀑布相比还算是旗鼓相当，那它们跟世界最高峰根本不在同一个量级上：珠穆朗玛峰的高度相当于10座哈利法塔叠在一起。不过，和太阳系最高的山峰奥林匹斯山相比，巍峨的珠穆朗玛峰也成了小不点。

❼ 979米 安赫尔瀑布

地球上最高的几座山峰

❽ 4884米 查亚峰
大洋洲最高峰

❾ 5140米 文森峰
南极洲最高峰

❿ 5642米 厄尔布鲁士峰
欧洲最高峰

⓫ 5895米 乞力马扎罗山
的锥乌呼鲁峰
非洲最高峰

⓬ 6194米 德纳里山
（原名麦金利山）
北美洲最高峰

⓭ 6960米 阿空加瓜山
南美洲最高峰

⓮ 8848.86米 珠穆朗玛峰
亚洲最高峰、地球上海拔
（从山顶到海平面的距离）
最高的山峰

⓯ 10205米 冒纳凯阿火山
北美洲、夏威夷
地球上总高
（从山顶到山脚的距离）最高的山

如果按山顶到海平面的距离算，珠穆朗玛峰无疑是地球上最高的山峰。不过，要是按山顶到山脚的距离算，最高峰其实是冒纳凯阿火山。冒纳凯阿火山是一座拥有100万年历史的火山，它除了露出海面的4205米，还有6000米深入海底。

太阳系最高的山

⓰ 25000米（说法之一）
奥林匹斯山，火星

奥林匹斯山位于火星，它的高度几乎是珠穆朗玛峰的三倍，面积相当于美国的亚利桑那州。

9~12千米 商用客机的巡航高度

11.2千米 黑白兀鹫的飞行高度

25千米
20千米
15千米
10千米
5千米
4千米
3千米
2千米
1千米
0

13

轮船、火车和卡车

轮船、火车和卡车不仅被用于运送人员，还被用于运输货物，从黄金、铁矿石和煤炭，到食物，再到汽车、坦克、飞机零件甚至垃圾……什么都运。多亏了它们，人类可以往来于过去到不了的地方，运输过去运不动的重物，还可以探索新世界，去天涯海角寻宝探秘。

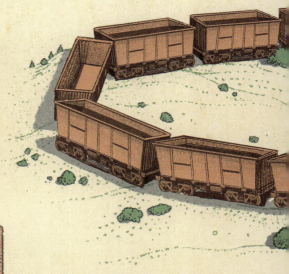

轮船

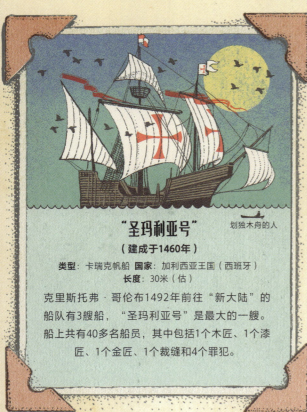

"圣玛利亚号"
（建成于1460年）

类型：卡瑞克帆船　国家：加利西亚王国（西班牙）
长度：30米（估）

克里斯托弗·哥伦布1492年前往"新大陆"的船队有3艘船，"圣玛利亚号"是最大的一艘。船上共有40多名船员，其中包括1个木匠、1个漆匠、1个金匠、1个裁缝和4个罪犯。

"卡蒂萨克号"
（建成于1869年）

类型：飞剪式帆船　国家：英国　长度：64.8米

这艘著名的货轮是为了将茶叶从中国运到英国而建造的。它能装载的茶叶多达1万箱，足足可以泡2亿杯茶！除了运茶叶，这艘船还运输其他货物，如咖啡、煤炭、可可豆、啤酒、羊毛、鲸油、鲨鱼骨头、沙丁鱼和草帽，几乎什么都运。

必和必拓公司
铁矿石运输列车
（生产于2001年）

类型：货运列车　国家：澳大利亚
长度：7353米

货运列车应该是世界上最长的车辆了。它们比卡车耗油量小，能长距离运输更多的货物。必和必拓公司的铁矿石运输列车是世界上最长的货运列车，它用8辆机车（俗称火车头）拉着680多节车厢，浩浩荡荡地穿越澳大利亚沙漠。

"泰坦尼克号"
（建成于1911年）

类型：远洋客轮　国家：英国　长度：248米

这艘举世闻名的轮船是当时最大、最豪华的远洋客轮。如果把它竖立起来，它的高度相当于三座自由女神像叠在一起，就比埃菲尔铁塔矮几十米。

"海上巨人号"
（建成于1976年）

类型：原油油轮　国家：日本　长度：458米

这艘超级油轮曾经是最长的海船，货舱大得足以装下四座圣保罗大教堂。如果把它竖立起来，它比帝国大厦（加天线）还要高出15米。

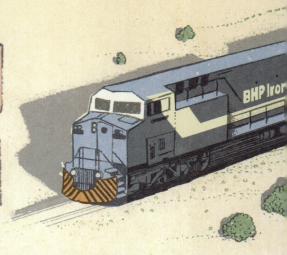

联合太平洋铁路公司
"大男孩型"蒸汽机车
（生产于1941年）

类型：蒸汽机车　国家：美国
长度：40.47米（包括煤水车）

"大男孩型"蒸汽机车是有史以来最大的蒸汽机车之一。全盛时期，这种强大的机车曾经牵引着沉重的货运列车翻越美国怀俄明州和犹他州的群山。

卡车

"大脚5号"
（生产于1986年）

类型：怪兽卡车 **国家**：美国 **长度**：大约6.5米 **高度**：4.7米

"大脚5号"是有史以来最大的怪兽卡车，光是轮胎就有3米高。这些笨重的轮胎曾经属于一辆名为"雪地列车"的美国军车，这辆军车可以在厚厚的积雪里畅行无阻，向北极偏远地区运送物资。

火车

别拉斯75710型矿用自卸车
（生产于2014年）

类型：拖运卡车 **国家**：白俄罗斯 **长度**：20.6米

别拉斯75710型矿用自卸车是世界上最大的矿用卡车，它能从露天矿山里一次性装载400多吨金属矿石。那些地方的温差十分夸张，低可以低到零下50摄氏度，高可以高到50摄氏度。

"潘尼达伦号"机车
（生产于1804年）

类型：蒸汽机车 **国家**：英国
长度：7.57米（包括煤水车）

1804年2月21日，理查德·特里维西克的"潘尼达伦号"机车拖着5节车厢，载着10吨铁矿石和70名乘客上路了。这是有史以来蒸汽机车第一次在铁路上实际运行。

澳大利亚"公路列车"
（生产于2013年）

类型：重型卡车 **国家**：澳大利亚 **长度**：53米

澳大利亚的"公路列车"是世界上最长的卡车之一。它们被用来运输机械、燃料、牲畜或金矿石之类的重物，在澳大利亚沙漠中穿梭。

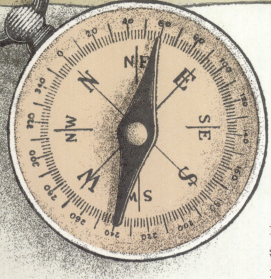

长度之最

山脉和珊瑚礁

大堡礁

澳大利亚，长2000多千米

大堡礁是世界上最大的珊瑚礁群，也是地球上最大的有机体。珊瑚礁是由名叫珊瑚虫的微小生物的钙质骨骼在许多个世纪里累积而成的，它是小鱼、海龟、鳐鱼、鲨鱼和鲸等各类海洋生物的家园。

喜马拉雅山

亚洲，2450千米（东西长）

喜马拉雅山是7000万年前两个巨大的地壳板块相撞之后的产物，世界最高大雄伟的山系，平均海拔6000米以上，其中8000米以上高峰就有10座，而珠穆朗玛峰则是世界最高峰。这里是传说中雪人（一种像猿的巨大生物）栖息的家园。在印度神话中，这里还是湿婆苦修的地方。

安第斯山脉

南美洲，8900千米

安第斯山脉是世界上最长的山脉。很久以前，美洲印第安人就在这里居住，并在那陡峭的山坡上耕种了。如今，南美洲大约三分之一的人口都生活在安第斯山脉。当地最著名的动物居民包括美洲驼、羊驼、毛丝鼠和秃鹫。

河流

长江

中国，6300千米

长江是亚洲最长也是最繁忙的河流。顺流而下，你会看到一些世界级的大城市，还会看到深度在世界上位居前列的峡谷（虎跳峡）和世界最大的水利枢纽工程（长江三峡水利枢纽工程）。

亚马孙河

南美洲，6480千米

亚马孙河流域是地球上最富饶的生境之一，亚马孙河豚、水蟒、短吻鳄、树懒以及成千上万种鸟和鱼都栖息在这里。据估计，当地的野生动物物种约占所有已知野生物种的十分之一。

尼罗河

非洲，6671千米

尼罗河是世界上最长的河流，自古以来便是埃及人赖以生息的命脉。尼罗河下游每年6—10月都会泛滥，淤积大量沃土。这种土壤使耕作成为可能，并且给干旱的沙漠地区带来了生机。

洋中脊

0 ▬▬▬ 8900千米
安第斯山脉（最长的地表山脉）

0 ▬▬▬▬▬▬▬▬▬▬▬▬▬▬▬▬▬▬ 70000千米
洋中脊（最长的海底山脉）

洋中脊
70000千米
地球上最长最大的山脉其实隐藏在我们平时看不到的海底，它的名字叫洋中脊。各大洋中都有发育，相互连接，构成一个完整体系。洋中脊北起北冰洋，纵贯大西洋，途径非洲、亚洲、大洋洲的澳大利亚和南极洲，在穿越太平洋后终止于北美洲。总长约70000千米，比地表最长的山脉安第斯山脉长七倍多。

人造长度之最

西伯利亚大铁路　[俄罗斯莫斯科至符拉迪沃斯托克(海参崴）　]
建成时间：1904年7月21日　**长度**：9332千米
这条著名的铁路是世界上最长的铁路，横贯俄罗斯东西，它西起俄罗斯莫斯科，东至靠近中国边境的港口城市符拉迪沃斯托克。如今，这条铁路每年都要承运数百万乘客和大约1亿吨货物。

长城
修建时间：春秋战国时期到明朝　**长度**：21196.18千米
为了抵御游牧民族的侵扰，中原人修建了人类有史以来最长的建筑——长城。长城是我国古代劳动人民血汗和智慧的结晶。后人发现，用于黏合石材的砂浆竟然是用糯米等制成的！

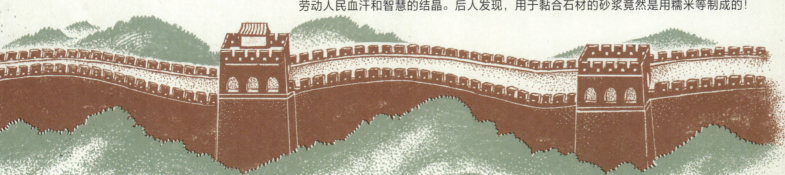

地上的速度和天上的速度

在火车、飞机和其他飞行器被发明出来之前，骑马飞驰就是人类在陆地上最快的移动速度。第一批蒸汽机车问世时，有些人曾担心那么快的速度会不会让人无法呼吸，还担心剧烈的震动会不会把人给震失明。这些担忧很快就被证明是杞人忧天。1969年5月26日，阿波罗10号完成探月任务返回地球时，速度竟然达到了39897千米/时，比步枪子弹的速度快12倍，比声速快30多倍。

超声速推进号（1997年在美国内华达沙漠创下世界陆上极速纪录并保持至今）：1227千米/时。

蓝鸟CN7赛车（1964年7月17日打破世界陆上极速纪录）：648千米/时。

日本L0型磁悬浮列车（2015年4月21日创下客运列车极速纪录）：603千米/时。

伦敦东北部铁路公司制造的A4系列蒸汽机车编号4468野鸭号（1938年7月3日创下蒸汽机车最快速度纪录）：202千米/时。

比航天飞机还快

小小的安氏蜂鸟从空中俯冲下来时，每秒中行进的距离竟然相当于它385个身长！相对于它的身长来说，这个速度甚至比航天飞机重返地球大气层的速度还要快（每秒207个身长）。

阿波罗10号：39937千米/时。

北美X-15A2试验机（1967年10月3日创下有史以来航空飞行器最快速度纪录）：7270千米/时。

商用客机巡航速度：920千米/时。

韦斯特兰"山猫"武直升机（1986年8月11日创下直升机最快速度纪录）：400千米/时。

猎豹，93千米/时以上。

家用轿车，112千米/时。

鸵鸟虽然不会飞，但它们的奔跑的速度可以达到72千米/时。

史蒂芬森的火箭号蒸汽机车，1829年，45千米/时。

戈布龙-布里耶牌汽车，1904年：160千米/时。

本茨专利汽车，1885—1886年（全世界第一辆汽车）：15千米/时。

游隼俯冲速度：最快约389千米/时。

圣路易斯精神号（1927年5月，查尔斯·林德伯格驾驶它完成了历史上第一次单人不着陆跨大西洋飞行）：200千米/时。

兴登堡号飞艇，135千米/时。

1783年9月19日，蒙哥尔费兄弟向一群达官显贵展示了他俩发明的第一批热气球。这个热气球的第一批乘客是一只鸭子、一只公鸡和一只名叫"Montauciel"（意思是"上天"）的绵羊。在空中飘送了约8分钟，跨越了3千米的距离；速度：约20千米/时。

飞行者1号，1903年（世界上第一架依靠自身动力的重于空气的飞行器）：15千米/时。

动物界的大力士

全世界最强壮的人

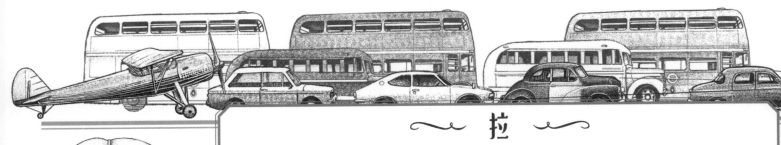

拉

2016年8月15日，凯文·法斯特牧师拉动了一架重达68090千克的飞机，打破了世界纪录。这个质量大约是他体重的400倍，比6辆公共汽车（52500千克）、4辆家用小轿车（4000千克左右）和1架轻型飞机（5670千克）加在一起的质量还大。

扛

保罗·安德森是世界上有史以来最强壮的人之一。据说他在1957年曾扛起过2840千克重的东西。这相当于同时扛起五头北极熊！

举

2016年度全世界最强壮的人是埃迪·霍尔。他把一副500千克重的杠铃举过头顶，相当于举起了一头北极熊或一架大钢琴。

虫

哺乳动物

几千年来，动物一直是人们用来搬运重物、耕地等的得力助手，有时它们还承担着运送人们穿越沙漠和高山等各种任务。不过，论蛮力的话，野生的非洲象算是陆地上力气最大的动物了。一头强壮的雄性非洲象可以背负多达9000千克的东西，相当于140个人的体重；还可以用鼻子举起重达300千克的圆木。

大力士蚂蚁

昆虫虽然个头不大，却是出了名的大力士。例如，有些蚂蚁可以用它们强有力的上颚（摄取食物的器官）举起相当于自身体重50倍的重物。如果换算成我们人类，这就等于把3辆家用轿车（3000千克左右）举过头顶。

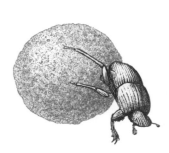

怪力蜣螂

研究人员最近发现，蜣螂竟然可以拉动自身体重1141倍的东西。这相当于一个人拉动6辆满载乘客的双层巴士！天生怪力的它们，难怪个个都是挖洞和滚粪球的高手。

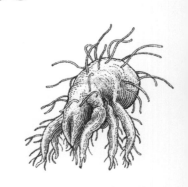

世界最强螨虫

长毛原甲螨是世界上最强壮的动物之一。别看它只有1毫米长，人家可以用小小的爪子承受自身体重1180倍的重物呢。想想举着9头大象到处走是什么滋味，你就知道这种螨虫有多厉害了。

其他举重冠军

大象 —— 可以背负9000千克（相当于背负140个人）

大猩猩 —— 可以举起815千克（相当于举起13个人）

牛 —— 可以拉动和背负900千克（相当于拉动和背负14个人）

泰坦蟒的致命缠绕

5800万年以前，体长约14米的泰坦蟒曾在南美洲炎热多沼的丛林中横行无阻，是当时最强大的捕食者之一。和现代的蟒一样，泰坦蟒也用挤压（缠绕）的方式来杀死猎物。据科学家们估计，猎物每平方厘米承受的压力相当于274牛，猎物所受的压力高达588万牛，相当于被10辆坦克同时碾压！

小腿善跳

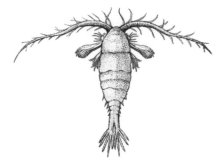

桡足动物虽然腿部细小，但肌肉爆发力却很惊人。它们能以每秒300～1000个身长的速度在水中"跳跃"。这相当于一个身高1.7米的人1秒钟跳1700米。

鸟类

空中猛虎

哈斯特鹰有着粗壮的双腿、虎爪大小的利爪，是有史以来最强壮的鸟之一。它们会捕食比自己体形还大的不飞鸟。它们会用利爪抓住猎物的骨盆（有时还会挤碎或者刺穿），并攻击猎物头部或者颈部。专家说，哈斯特鹰猛扑下来的速度与力量，足以使地面猎物死亡。

非洲冕雕

作为当今世界最强壮的鸟之一，非洲冕雕能够猎杀比自己重4倍以上的动物。

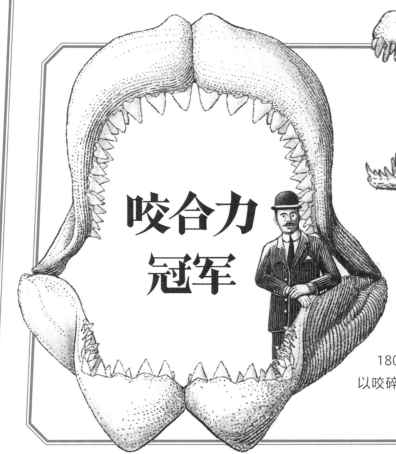

咬合力冠军

据估计，霸王龙的咬合力超过50000牛，这在古往今来的陆生动物里的确是霸王。可是，与生活在1600万年前史前海洋中的巨齿鲨相比，这点力根本算不了什么。科学家认为，巨齿鲨可以用大约180000牛的力紧紧咬住猎物。这威力足以咬碎一辆小汽车。

快枪手枪虾

这种好斗的甲壳动物只要用力夹一下螯，就能啪的一声喷出足以把猎物击昏的冲击波。击昏还只是小意思，有些种类的枪虾还能用冲击波在坚硬的岩石上打洞。有的时候，枪虾"开枪"的声音甚至大到足以干扰船只的声呐。

21

质量大比拼
自然界

鸵鸟蛋

质量：1.4千克

鸵鸟蛋是最大的鸟蛋。一个鸵鸟蛋相当于24个鸡蛋（每个57克）或者2个篮球（每个620克）的质量。

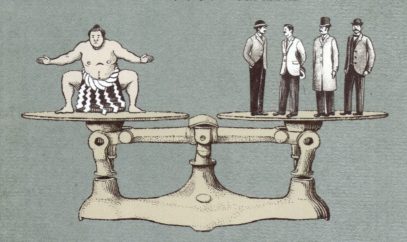

相扑选手

体重：265千克

山本龙一的体重是普通人的4倍，他被认为是有史以来最重的日本相扑选手。对了，相扑选手的巨无霸身材多是靠狂吃日式什锦火锅撑出来的。

非洲草原象

体重：4500～6000千克

非洲草原象是最大的陆生哺乳动物。一头非洲草原象约有100个人（平均体重62千克）那么重。

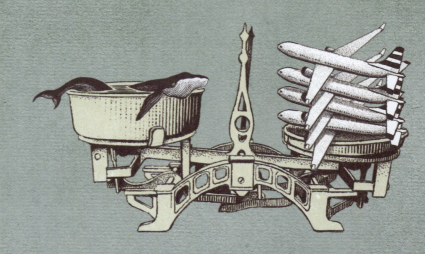

蓝鲸

体重：180吨　舌头：4000千克　心脏：180～680千克

这种地球上最重的动物可以长到180吨，相当于4架波音737飞机质量的总和（每架大约40吨）。它的舌头和一头大象差不多重，心脏和一辆小汽车差不多重。蓝鲸的主食是小小的磷虾，进食时会吞下大量的海水，用鲸须把海水滤掉，留下磷虾。蓝鲸虽然体形庞大，但一次最多只能吞下体积为沙滩球大小的东西。

古今动物的质量对比

阿根廷龙是漫步在陆地上的最重的动物之一，它的体重是强大的霸王龙的10倍左右。蓝鲸的体重则是阿根廷龙的2倍多，比30头非洲草原象加在一起还重。

蓝鲸

剑龙	南方白犀	河马	非洲草原象	霸王龙	阿根廷龙
3.6吨	3.6吨	3.6吨	6吨	8吨	80吨

180吨

地球的质量

科学家们认为地球的质量大概有……
5970000000000000000000000 千克

我们建造摩天大楼、油轮和火箭之类的庞然大物，会让地球变得更重吗？答案是否定的。地球上的万事万物是由已经存在于这个星球上的物质构成的。我们造东西只是把原子（组成单质和化合物分子的基本单位，是物质在化学变化中的最小微粒）从地球上的一个地方转移到了另一个地方而已。

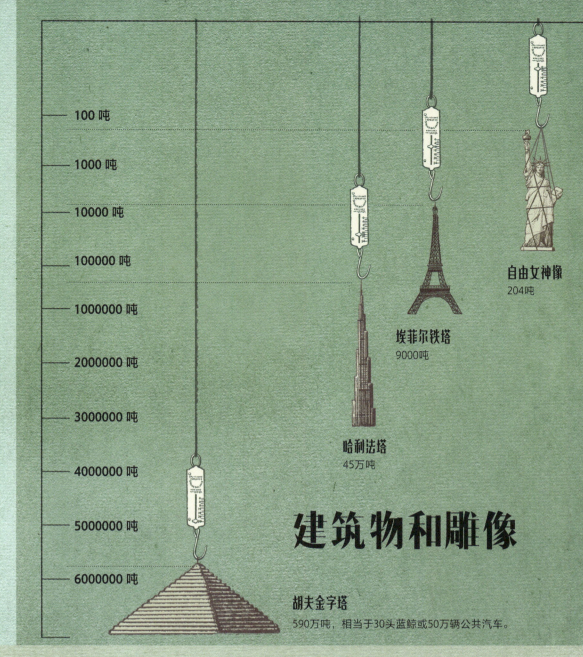

刻度
100 吨
1000 吨
10000 吨
100000 吨
1000000 吨
2000000 吨
3000000 吨
4000000 吨
5000000 吨
6000000 吨

自由女神像
204吨

埃菲尔铁塔
9000吨

哈利法塔
45万吨

胡夫金字塔
590万吨，相当于30头蓝鲸或50万辆公共汽车。

建筑物和雕像

金字塔和巨石

许多国家都有几百年或几千年历史的巨石建筑物。当年，人们先要把每一块巨石都运到现场（有时要拖运几百千米），然后齐心协力地将巨石安放到位，才有了我们今天见到的各处工程奇迹。我们的祖先究竟是怎么完成这些工程奇迹的呢？这个问题直到今天依然是个谜。

胡夫金字塔，埃及
修建时间：公元前2580—前2560年左右
单个石块：2.5～15吨

巨石阵，英国威尔特郡
修建时间：约始建于公元前2300年
每根石柱：25～30吨

复活节岛石像，智利
修建时间：1100—1600年
每个摩艾（石像）：74吨

公共汽车和船

一辆公共汽车约重11吨，相当于3头河马的体重。

"泰坦尼克号"是有史以来最著名的船只之一，重约46000吨，是当时最大的可移动构造物。据科学家们估算，导致"泰坦尼克号"沉没的巨型冰山质量约为150万吨。

一周极简人类史

如果我们把人类的历史浓缩成一周时间，那么第一批智人出现的时间就是第一天的第一秒钟，古埃及文明的存在时间就只有两个半小时，尼尔·阿姆斯特朗则是最后一天午夜前两分半钟的时候踏上月球的。

周日 19:49 公元前3000年

约公元前3000年
美索不达米亚的苏美尔文明出现了文字。

约公元前2560年
胡夫金字塔建成。

约公元前3000—前30年
古埃及文明

约公元前3000—前600年
青铜时代
人们开始用青铜来制造工具、武器、盔甲和配饰。

约公元前3300—前1700年
印度河流域文明
印度河流域文明是最古老的文明之一。印度教很可能起源于印度河流域。

约公元前4000—前330年
美索不达米亚文明
最早的伟大文明之一。这里建有最初的城市。

公元前2300年
人们正在用青铜时代的简易工具搭建巨石阵。

周日 21:29 公元前1000年

公元前1400—前500年
铁器时代

约公元前566—前410年
佛陀释迦牟尼在世，佛教创立

周日 20:39 公元前2000年

公元前1600—前1046年
中国商朝
第一个有文字记载的中国王朝。最早的汉字就出自这个时期。

约公元前1100—前146年
古希腊
古希腊人以拥有众多伟大的战士、诗人、政治家和哲学家而闻名。

约公元前776年
为了祭祀主神宙斯，古希腊人举办了第一届奥林匹亚竞技。近代奥林匹克运动会即源于此地。

公元前753—476年
古罗马
全盛时期的罗马人统治着欧洲、北非和亚洲的广大地区。

周日 23:34 1500年

周日 23:39 1600年

1596年
约翰·哈灵顿发明冲水马桶。

1533年
印加帝国被征服者佛朗西斯科·皮萨罗征服。

1519—1521年
西班牙殖民者埃尔南·科尔特斯（军人兼探险家）为了寻找黄金前往美洲大陆，并且征服了强大的阿兹特克帝国。

1492年
克里斯托弗·哥伦布误打误撞地"发现"了美洲大陆。

约1440年
约翰内斯·谷登堡发明印刷机。

1405—1433年
明朝航海家郑和远航亚洲和非洲，把珍珠、香料、骆驼、斑马和长颈鹿等各种异国物产带回中国。

最后10分钟

周日 23:44 1700年

1789年
法国大革命爆发。

周日 23:49 1800年

1600年
汉斯·李普希发明望远镜。

1620年
英国朝圣者们搭乘"五月花号"轮船抵达北美洲的科德角。

约1680—1820年
启蒙运动

18世纪60年代
工业革命
商品生产从资本主义工场手工业（小作坊和家庭）过渡到采用机器的资本主义工厂。许多人从农村迁移到城市，新的交通技术和运输方式投入使用。

周一
00:00:01
20万年前
智人出现。

周日
16:30
公元前9000年

周六
23:00
公元前30000年

周一到周六

约公元前9000—前3300年：
新石器时代
人类开始定居下来，学习种植庄稼。为了获取动物的奶、肉和皮，人们驯化了最早的一批动物。与此同时，人们还发明了农具、陶器和编织技术。

约公元前31000—前28000年
已知的最早岩画出现。

约20万年前—公元前9000年
早期人类居无定所，有时猎食，有时吃野生动物的尸体，比如剑齿虎和猛犸。他们用石制工具来打猎、捕鱼、制作衣服和建造临时栖身之处。

最后1小时

周日
22:19
公元元年

约570年
穆罕默德出生，
伊斯兰教兴起。

周日
23:09
1000年

公元前3世纪
古代中国人发明
司南（指南针）。

约公元前4—
公元30年
耶稣在世。

约公元82年
成千上万的角斗士和动物在罗马大角斗场的开幕仪式中搏斗至死。

约105年
蔡伦改进了造纸术。

约250—900年
玛雅文明

约476—1640年
中世纪

约9世纪
中国人发明火药。

约800—1050年
维京人乘着他们的长船远航欧洲和美洲。其中一些人烧杀抢掠，另一些人则以农民、渔民和工匠的身份定居下来。

周日
23:29
1400年

周日
23:24
1300年

14—17世纪初
文艺复兴和"地理大发现"
艺术、文学蓬勃发展，数学、哲学和科学领域不断涌现新思想。许多国家都在探索新世界，开辟新航道。

1368—1644年
中国明朝
明朝人修筑长城的时间最长，规模也最大。明朝最初建都南京，后修建了气势恢宏的紫禁城，并迁都北京。

1347—1353年
黑死病（鼠疫）夺去了欧洲将近三分之一的人口。

约1325—1521年
阿兹特克帝国
强大的军事帝国，特异习俗是以活人献祭。

约1200—1533年
印加帝国
印加人崇拜太阳神因蒂，制作了许多精美的黄金制品。传说，他们的皇帝库斯科还下令建造了一座黄金城，里面的神殿等建筑和花草树木都是用黄金做的。

周日
23:59
2000年

1903年
世界上第一架依靠自身动力、重于空气的飞行器成功飞行。

周日
23:54
1900年

1885—1886年
汽车问世。

1914—1918年
第一次世界大战。

1939—1945年
第二次世界大战。
美国在广岛上空投下了第一颗原子弹。

1969年
人类登上月球。

现在
为了寻找地外生命，我们向火星发射了火星车。

25

一年极简宇宙史

如果把宇宙的整个生命周期浓缩成一年，现代人出现的时间点就是离12月31日午夜还有8分钟的时候，400年不过是眨眼的工夫，一个人的一生连1秒都不到。

宇宙大爆炸是这一年的1月1日……

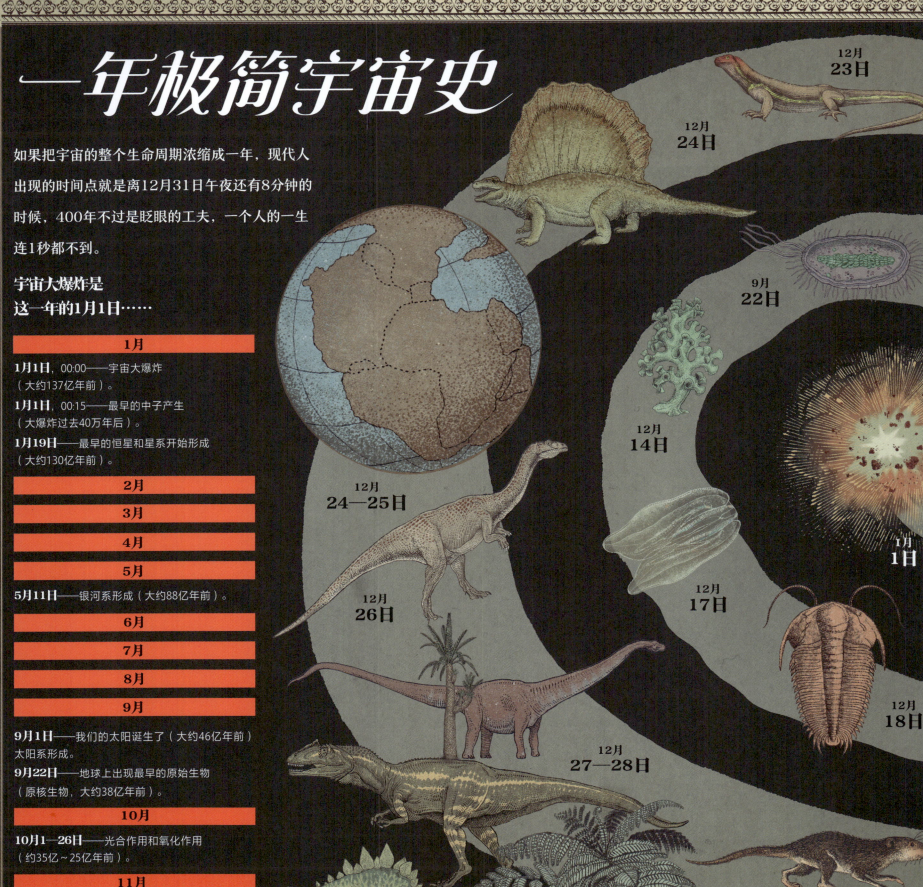

1月

1月1日，00:00——宇宙大爆炸（大约137亿年前）。

1月1日，00:15——最早的中子产生（大爆炸过去40万年后）。

1月19日——最早的恒星和星系开始形成（大约130亿年前）。

2月

3月

4月

5月

5月11日——银河系形成（大约88亿年前）。

6月

7月

8月

9月

9月1日——我们的太阳诞生了（大约46亿年前）太阳系形成。

9月22日——地球上出现最早的原始生物（原核生物，大约38亿年前）。

10月

10月1～26日——光合作用和氧化作用（约35亿～25亿年前）。

11月

11月9日——地球上演化出了第一批拥有细胞器的细胞（大约20亿年前）。

12月

12月11～17日——海绵、水母、海葵和珊瑚虫等最早的多细胞和低等动物出现（大约8亿～5.8亿年前）。

12月18日——最早的脊椎动物和最早的有壳质外骨骼的无脊椎动物（三叶虫）出现（大约5.2亿年前）。

12月19日——最早的非维管（没有根茎叶）陆生植物（大约4.7亿年前）和最早的昆虫（大约4.79亿年前）出现。

12月20日——最早的维管植物（大约4.3亿年前）和初始全颌鱼等最早的有颌鱼出现（大约4.19亿年前）。

12月21日——最早的会飞的昆虫（大约4亿年前）和最早的树（大约3.8亿年前）出现。随着植物越长越高，昆虫发展出了飞行能力。距今3亿年前的时候，巨脉蜻蜓（昆虫）跟海鸥一样大。

12月22日——最早的两栖动物出现（大约3.6亿年前）。这时的动物发展出了既能在水中也能在陆地生存的适应性能力。

12月23日——最早的爬行动物出现（大约3.12亿年前）。一些动物演化出了完全在干燥陆地上生存的能力，比如看起来像蜥蜴的林蜥。

12月24日——似哺乳类爬行动物开始在陆地上繁衍生息，比如怪模怪样的基龙。它们有尖利的爪子、锋利的牙齿，背上还有一张大大的帆（大约3亿～2.88亿年前）。

12月24～25日——世界各陆块连在一起，组成了一个名叫盘古大陆的超级大陆，动物们因此可以在世界上更加自由地迁徙（大约2.99亿～2.72亿年前）。

12月26日——最早的恐龙出现（大约2.3亿年前）。植食性的板龙便是早期物种之一。

12月27～28日——侏罗纪（大约2.01亿～1.45亿年前）是恐龙时代的顶峰。异龙、剑龙和梁龙都是这个时期的物种。

12月27日——最早的哺乳动物出现（大约1.8亿年前）。已知最早的胎盘类哺乳动物都是类似鼩鼱的小不点，比如侏罗兽。

12月28日——最早的鸟类出现（大约1.5亿年前）。

12月28日——最早的花（被子植物）出现（大约1.3亿年前）。这是地球史上最重要的时刻之一。昆虫和飞禽走兽的新物种层出不穷，把绿色的森林装点得五彩缤纷。

12月28～30日——白垩纪（大约1.45亿

12月
22日

12月
21日

12月
31日

9月
1日

12月
30日

5月
11日

12月
20日

12月
19日

12月
28—30日

12月
28日

在这张表上：
每一天=3750万年
每小时=156万年
每分钟=26000年
每秒钟=433年

~0.66亿年前）。巨型恐龙和翼龙称霸的时代仍在延续，这个时期的代表性物种有霸王龙、阿根廷龙、三角龙、禽龙和风神翼龙。

12月30日
00:01，一颗巨大的小行星/彗星撞上地球，导致当时65%~75%的物种灭绝了，其中便包括所有的非鸟类恐龙和海洋爬行动物（大约6600万年前）。哺乳动物出现分化。

16:00，游走鲸等最初的哺乳动物开始使用海洋生活（大约5000万年前）。

最后一天——12月31日
哺乳动物继续在陆地和海洋中多样化发展，体形开始巨大化，出现了长颈鹿、猛犸和鲸等大型动物。

18:54——草原在世界各地扩张（大约800万~300万年前）。

20:10——最早的类人猿出现（大约600万年前）。

21:26——早期人科动物开始用两条腿直立行走（大约500万年前）。

22:24——末次盛冰期，人类开始使用细石器工具，大型动物分布在各大洲（大约2.1万年前）。

23:52——智人（现代人类）出现（大约20万年前）。

23:57——人类向世界各地迁徙（大约8万年前）。

23:59——早期洞穴壁画（大约3.3万年前）。

最后一分钟
23:59:33——末次盛冰期结束（大约11600年前）。

23:59:33——农业发现（大约10000年前）。

23:59:45——发明轮子（大约5500年前）。

23:59:48——胡夫金字塔建成（大约4500年前）。

23:59:49——巨石阵建成（大约4000年前）。

23:59:55——罗马大角斗场建成（大约2000年前）。

23:59:58——哥伦布发现美洲（大约529年前）。

最后一秒
在最后一秒钟时间里，人类发明了望远镜、显微镜和冲水马桶。人类还建造了宫殿和摩天大楼；发现了青霉素，治愈了各种疾病；发明了汽车、火车、飞机、电话和互联网。人类还经历过革命和战争，投下了第一颗原子弹，还登上了月球，把探测器送上了火星！

小型动物和微生物

哺乳动物

皮氏倭狐猴
Microcebus myoxinus
体长：6.2厘米（不包括尾巴）
备注：最小的灵长类动物。
它们生活在马达加斯加的森林里，有一双非
常大的眼睛，可以在黑暗中看清东西。

凹脸蝠
Craseonycteris thonglongyai
体长：2.9厘米（不包括尾巴）　前肢长度：2.2厘米
备注：按长度应是最小的哺乳动物了，
大约只有大胡蜂那么大。由于鼻子长得像猪鼻
子，也被称为猪鼻蝠。

俾路支心颅跳鼠
Salpingotulus michaelis
体长：3.6厘米（不包括尾巴）
备注：最小的啮齿动物。
它有着长长的后腿和大大的脚，看
来就像是老鼠和袋鼠的混合体。

小臭鼩
Suncus etruscus
体长：3.5厘米（不包括尾巴）
备注：如果按体重算，只有1.8克的它是世界上最
小的哺乳动物。别看它小，其实胃口大着呢。它
每天可以吃相当于体重两倍的食物。

英氏侏袋鼬
Planigale ingrami
体长：5.5厘米（不包括尾巴）
备注：最小的有袋动物。
它有一个又宽又扁的头，可以很方便地钻进
土壤中的小裂缝来寻找猎物。

鸟类

吸蜜蜂鸟
Mellisuga helenae
体长：5.7厘米
备注：体重最轻的鸟，只有
1.6克重，大约相当于3根鹅
毛。每天要喝相当于自身体
重8倍的花蜜。

软体动物和鱼类

放大100倍

❶ 小凹马螺
Ammonicera minortalis
体长：0.32毫米
备注：体形最小的
软体动物之一。

❷ 萨托米豆丁海马
Hippocampus satomiae
体长：13.4毫米
备注：世界上最小的
海马之一。

❸ 微鲤
Paedocypris progenetica
体长：7.9毫米
备注：已知最小的鱼类
和最小的脊椎动物。

❶　❷　❸

爬行动物、两栖动物和蝴蝶

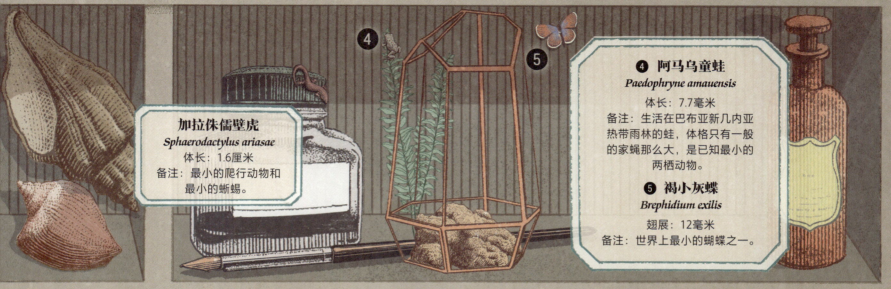

加拉休儒壁虎
Sphaerodactylus ariasae
体长：1.6厘米
备注：最小的爬行动物和
最小的蜥蜴。

❹ 阿马乌童蛙
Paedophryne amauensis
体长：7.7毫米
备注：生活在巴布亚新几内亚
热带雨林的蛙，体格只有一般
的家蝇那么大，是已知最小的
两栖动物。

❺ 褐小灰蝶
Brephidium exilis
翅展：12毫米
备注：世界上最小的蝴蝶之一。

微生物

微生物很小，比最小的昆虫小很多，我们只能用显微镜才能看到。它们几乎无处不在，无论是土壤、水、空气，还是我们的身体里。有些微生物是无害的，但有些却能致命。

❻ 微翅缨小蜂
Dicopomorpha echmepterygis
长度：0.139毫米
备注：寄生在其他昆虫卵内的蜂，是已知最小的昆虫。

硅藻（多种）
长度：通常在2～500微米（0.002～0.5毫米）
备注：几乎每一个有水的生境里都有微小的藻类。小到微生物，大到鱼类和鲸，都吃藻类。一粒沙子能装下好几百个硅藻。

❼ 遍在远洋杆菌
Pelagibacter ubique
长度：0.37～0.89微米
0.00037～0.00089毫米
备注：最小的自由生活细菌之一。一粒沙子就能装下5000多个这种细菌。

放大100倍

❻

❼

放大
50000倍

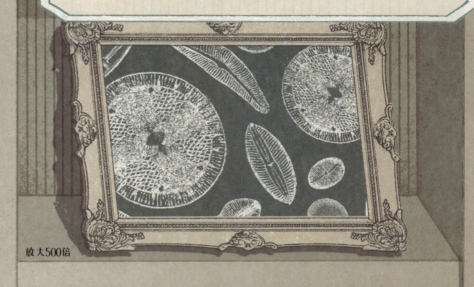

放大500倍

原子有多小

宇宙中的一切——从最高的摩天大楼到最小的微生物——都是由名叫原子的小东西组成的。原子是所有物质的基本单位，它们非常非常小。一个原子只有人类头发的一百万分之一，如果把苹果里的原子放大到苹果那么大，苹果就会变得跟地球一样大。

电子
质子
中子
原子核

一个典型原子的半径：
100皮米（0.0000001毫米）

恒星和星系

恒星

恒星的大小和颜色各不相同，小的有红矮星和中子星，大的有蓝超巨星和红超巨星（宇宙中最大的恒星）。我们的恒星太阳位于太阳系的中心。没有太阳发出的光和热，地球上的生命就无法存活。

最小的恒星

（R指的是太阳的半径）

太阳
（主序星）
半径：695700千米
我们的太阳是一颗主序星——最常见的恒星类型之一。它依靠核聚变产生巨大的能量：氢原子碰撞在一起时，它们变成氦原子并产生能量。

2MASS　Jo523-1403
（红矮星）
半径：59830千米（0.086 R）
红矮星和我们的太阳一样是主序星，但是相比之下个头更小，温度更低。

木星
半径：69911千米（0.1 R）
太阳系最大的行星。

乘火箭绕行地球一圈：
1小时

地球
赤道半径：6378千米
（0.009 R）

中子星
（因为太小，所以在这个比例尺上看不见）
中子星的直径只有20千米，是已知最小的一类恒星。

天狼星　B
（白矮星）
半径：5844千米（0.0084 R）
太阳这样的普通恒星最终会变成一种又小又热、密度非常大的恒星——白矮星。

巨型恒星

太阳是我们太阳系中最大的天体，可是跟其他一些恒星相比，它只不过是一粒尘埃而已。宇宙中最大的恒星是红超巨星，它们由于濒临死亡，已经膨胀了许多倍。红超巨星最终会爆炸，变成中子星或黑洞。

太阳

参宿七
（蓝超巨星）
半径：54290000千米（78 R）
蓝超巨星是宇宙中最热、最亮的一类恒星。光度约为太阳的11万倍。

北河三
（红巨星）
半径：6122160千米（8.8 R）
当太阳这样的恒星耗尽能量时，它会越来越大，越来越红，变成一颗红巨星。最终红巨星会坍缩成白矮星。

参宿七

参宿四
（红超巨星）
半径：820926000千米（1180 R）
这颗超巨星比我们的太阳宽1000多倍。

盾牌座UY
（红超巨星）
半径：1182690000千米（1700 R）
一直被称为最大的恒星，它的半径是太阳的1700倍。如果把地球缩到一颗弹珠那么小，太阳就相当于一个孩子，而盾牌座UY将比两座埃利法塔摞在一起还要高。

恒星的消亡

一颗大质量恒星在接近生命的终点时，会爆炸成超新星。
这种爆炸无比强烈，短时间内甚至比整个星系还要明亮。

如果一颗恒星的质量比太阳大8~20倍，它的结局就是成为中子星。

这种恒星爆炸时，核心会被挤压成一个名叫中子星的小球。小球极端致密，1立方厘米可能就重达10亿吨。这就相当于把珠穆朗玛峰挤进一个方糖大小的空间。

如果一颗恒星的质量比太阳大20倍以上，它的结局就是成为黑洞。

这种恒星的核心被压缩进了一个比原子大不了多少的空间。在它事件视界以内的区域，引力强大到可以俘获任何东西——就连光也无法逃脱。

到宇宙的边缘去

科学家们估计，可观测宇宙——也就是我们可以看到的部分——直径约为930亿光年。宇宙有多大呢？
答案是银河系的10000000000000000000倍！

乘火箭穿越已知的宇宙：
2500万亿年
(25109815000000000年)

宇宙有多大？

那么，宇宙到底有多大呢？谁也不知道宇宙会不会一直膨胀下去，也没有人知道是不是还有其他宇宙。

星系

就在100年前左右，人们还很难想象银河系之外还有别的东西。我们现在知道，银河系只是宇宙中无数个星系里的一员。有些星系很小，有些则比我们的银河系大得多。

星系对比

**梅西耶33
（旋涡星系）**
直径：超过50000光年

乘火箭穿越银河系：
约27亿年
(2 699 980 022.8年)

**银河系
（旋涡星系）**
直径：10万光年
银河系中有1000亿颗以上的恒星。

**仙女星系
（旋涡星系）**
直径：16万光年
这是离我们最近的星系。科学家们预计，仙女星系大约40亿年后将可能与银河系相撞，形成一个巨大的椭圆星系。

银河系

**IC11-01
（超巨椭圆星系）**
直径：600万光年
几十亿年来，像我们银河系这样的星系相互碰撞并融合在一起，最终形成了这个巨无霸星系。它大约比银河系宽50倍，可能包含多达100万亿颗恒星。它的中央是一个超大质量黑洞。